LES ARTISTES

DE SOCIÉTÉ,

COMÉDIE - VAUDEVILLE - IMPROMPTU

EN UN ACTE,

FAITE POUR UNE SOCIÉTÉ D'AMATEURS,

PAR LE CHEVALIER

LOUET-LEMARCHANT,

CORRESPONDANT DU CAVEAU MODERNE.

————

AVIGNON.

1818.

PERSONNAGES.

M. DERMONT, père noble. — M. Reynard.
M.me DERMONT, sa femme. — M.me Clouet.
NATHALIE, leur nièce. — M.me Quesnel.
LÉON, jeune premier. — M. le Baron de Montfaucon.
VIRGINIE. — M.lle Legaigneur.
CÉPHANE, confidente, soubrette. — M.me Barthon.
LAGRANGE, valet, confident. — M. de Courtois.
SAINT-FONS, confident. — M. Pelletier de Beloy.

La scène se passe dans le salon de M. Dermont.

Aux Dames qui s'étaient chargées des divers rôles.

Si dans ce léger badinage
Ma prose n'est que verbiage ;
Si l'esprit y manque toujours ;
Si du bon goût je perds les traces ;
Pour faire valoir mes discours,
Je ne comptais que sur vos grâces,
Je l'avoue : et si mes couplets
N'ont pas ce vernis agréable
Qui toujours présage un succès ;
Bref, si l'on me trouve blâmable,
Je m'en console, et je me crois,
Mesdames, encore excusable,
J'avais compté sur votre voix.

LES ARTISTES
DE SOCIÉTÉ,
VAUDEVILLE.

SCÈNE PREMIÈRE.

LÉON, NATHALIE.

NATHALIE.

Avouons entre nous, Monsieur Léon, que nous donnons après-demain à notre petite réunion un joli spectacle. Quoi ! Peut-on rien voir de plus varié ! une tragédie, une comédie, et un opéra : voilà de quoi contenter tous les goûts : voilà toutes les fleurs de la scène dramatique.

LÉON.

C'est très-bien, Mademoiselle ; mais il faudrait que j'eusse votre talent pour être aussi satisfait que vous.

NATHALIE.

Ah ! Monsieur, le compliment n'est pas dans votre rôle, et vous m'intimideriez....

LÉON.

Ce n'est point mon intention ; mais permettez-moi d'avouer que le rôle d'Orosmane sera bien pesant pour moi.

NATHALIE.

Je présume le contraire : au surplus nous prendrons notre revanche dans Une Heure de Mariage et dans La Suite du Bal masqué. Mais les costumes sont-ils prêts ; moi, je tiens aux costumes : vous savez qu'ils sont pour beaucoup dans les divers rôles que nous jouons en ce monde.

Air : *Alte-là.*

En France, tel est l'usage,
Un habit sert à juger
Si le porteur est un sage,
Ou s'il a l'esprit léger.
L'on juge, sur sa tournure,
Quel peut être son destin ;
Et l'habit et la figure
Sont un passe-port certain....

LÉON.

Très-certain, (*bis*.)
De Paris jusqu'à Pékin.

Vous tenez beaucoup à ce que le costume vous identifie parfaitement avec la *jeune et belle Zaïre.*

NATHALIE.

Un Orosmane comme vous, M. Léon, est fait pour exciter toute notre émulation, et même notre amour-propre. Mais si vous répétiez ici un petit morceau de votre rôle, savez-vous que ce serait très-joli de votre part.

LÉON.

Je ne puis refuser, d'autant mieux que je m'habitue à l'esprit du personnage ; je vous demanderai même vos conseils, ils me seront d'un grand secours. Voici mon début :

Vertueuse Zaïre, avant que l'hyménée....

(Il dit les quatre premiers vers.)

(Une porte s'ouvre : Céphane fait paraître sa tête seulement, et écoute. Léon la voit, et saute d'un mouvement de surprise.)

SCÈNE II.

LÉON, NATHALIE, CÉPHANE *en soubrette.*

LÉON.

Eh bien ! on nous écoute ! Ah ! Madame, quelle frayeur vous m'avez faite !

CÉPHANE.

Moi seule en suis fâchée ; je vous ai arrêté en si beau chemin ! Mais, M. Léon, votre complaisance nous permettra bien d'espérer que vous reprendrez *le fil de votre histoire.*

LÉON.

Avec plaisir.

(Il déclame.)

Vertueuse Zaïre, avant que l'hyménée
Joigne à jamais nos cœurs et notre destinée....

NATHALIE *l'interrompant.*

Monsieur Léon, permettez-moi un mot de réflexion : dans le second vers, je trouve que le mot *à jamais* doit être dit avec plus d'onction et plus de douceur ; il me semble que si vous appuyiez un peu plus sur ce mot, qui a tant d'expression par lui-même, cela ferait un très-joli effet ; pardon de ma hardiesse, mais vous venez de me la permettre.

LÉON.

Votre observation est très-juste, et vous allez en voir la preuve.

(Il recommence.)

Vertueuse Zaïre, etc.

(Il fait sentir toute la douceur du mot à jamais. *Il déclame tout le morceau.)*

CÉPHANE.

C'est très-bien, fort bien. Grâces à vous, nous aurons des applaudissemens que vous seul aurez mérités.

LÉON.

Mesdames, épargnez-moi de me défendre.

CÉPHANE.

Air du vaudeville de *Jean Monnet* :

Ailleurs qu'au théâtre on brille
Des talens de son voisin ;
Le soir un bel esprit pille
Ce qu'il dit le lendemain.
 En singeant
 Un savant

Souvent on se croit aimable,
Et l'on est, nous dit la Fable,
Paré des plumes du paon.

LÉON.

Ce n'est que trop vrai, Madame, mais vous pourriez facilement prouver que vous n'êtes pas dans ce cas, en chantant un morceau de notre opéra ; je vous y invite avec les plus vives instances; dévancez, comme moi, la répétition, et commencez à recueillir nos applaudissemens.

CÉPHANE.

Vous ne réfléchissez pas que nous n'avons point de musique, et quoique je sois très-mélomane, je n'ai pas le courage de chanter sans orchestre.

LÉON.

Mais, Madame, seulement un air....

CÉPHANE.

Air : *Du partage de la richesse.*

Non, je connais trop ma faiblesse
Pour chanter ainsi sans apprêts :
J'ai besoin, je vous le confesse,
D'un public choisi tout exprès.

Mon genre seul est le comique,
Du chant j'ignore les douceurs ;
Soit en amour, soit en tragique,
Je ne fais point couler de pleurs.

SCÈNE III.
M. DERMONT, M.me DERMONT, LÉON, NATHALIE, CÉPHANE.

M. DERMONT.
(Il est habillé en père noble de comédie.)

Dites-moi comment vous me trouvez, et si ce costume n'a rien qui cloche. Suis-je bien pour Une heure de mariage ? Ma foi, dans ce pays, il est difficile de se procurer des habits à la française.

CÉPHANE.

C'est à merveille, et Madame surtout a atteint la perfection.

MADAME DERMONT.
(Elle a son costume.)

N'est-il pas vrai, ma chère; mais aussi depuis huit jours on travaillait à mon accoutrement. Oh! mon Dieu, que dans ce pays les ouvrières sont mal-adroites ! Vous devez avoir été dans le même embarras que moi. A propos, Nathalie, as-tu préparé ton voile, ta robe, ta coiffure ?

NATHALIE.

Ma coiffure sera superbe, et je crois qu'il ne me manquera rien.

Air : *Tout ça passe en même temps.*

Oui, je me suis procuré
Tout ce qu'il faut pour Zaïre ;
Ma tante, j'ai préparé
Mon voile et mon cachemire ;
Oui, ma belle robe est prête
Ainsi que mes diamans,
Aujourd'hui, sur ma toilette,
Tout ça brille *(ter)* en même temps.

MADAME DERMONT.

Et tu sais ton rôle à merveille.

NATHALIE.

Sur le bout du doigt.

SCÈNE IV.

Les acteurs précédens, VIRGINIE.

CÉPHANE.

Eh! bon jour, Virginie; eh bien, et l'opéra ?

VIRGINIE.

J'en suis très-contente.

CÉPHANE.

C'est assez ton genre et ta voix....

VIRGINIE.

Ma voix, m'a-t-on dit, change tous les jours à mon

avantage; hier, j'ai chanté ma romance de Quinze ans, et elle a fait plaisir.

MADAME DERMONT.

Vous plairait-il de nous la chanter?

VIRGINIE.

Madame, je craindrais....

MADAME DERMONT.

Vous n'avez rien à craindre.

VIRGINIE.

(Elle chante.)

Air : (*)

C'est à quinze ans
Que commence la vie;
C'est au printemps
Que notre âme est ravie;
S'il est permis de songer aux amans,
C'est à quinze ans.

C'est à quinze ans
Qu'une beauté doit plaire :
Passé ce temps,
L'amour a l'œil sévère;
Et si l'on peut charmer par ses accens,
C'est à quinze ans.

MADAME DERMONT.

Il est fort heureux que votre romance ne soit pas une sentence.

VIRGINIE.

Madame, j'en serais aussi fâchée que vous.

CÉPHANE.

Récite-nous un morceau de la comédie ou de la tragédie, pour savoir si tu t'en acquittes aussi bien.

VIRGINIE *vivement.*

Mais vous ne savez donc pas que je ne puis me charger du rôle de Fatime?

(*) Cet air a été fait par M. Blaze et par M. Courtois.

NATHALIE.

Comment ! et qui s'en chargerait donc ?

VIRGINIE.

Ce rôle n'est pas plus dans mon caractère que celui de Georges Dandin, ou de M. de Sottenville.

CÉPHANE.

Mais, ma chère, il faut bien que tu t'en charges; il est trop tard à présent pour changer notre distribution.

VIRGINIE.

Oh ! rien au monde ne me le ferait jouer ; je ne le puis vraiment.

MADAME DERMONT.

Mademoiselle, cette obstination est dans le cas de tout arrêter.... réfléchissez que c'est après-demain que nous devons....

VIRGINIE.

Madame, je vois mon inconséquence ; mais enfin quelle opinion n'aura-t-on pas de moi, dans un rôle que je ne pourrai réciter qu'en tâtonnant. Ainsi que je l'ai déja dit, j'ai joué l'année dernière le rôle de Zaïre, et je ne vois pas pourquoi je ne pourrai encore le jouer cette année.

LÉON.

Songez, Mademoiselle Virginie, que Mademoiselle Nathalie depuis huit jours est chargée de cet emploi, et qu'il serait peu convenable qu'il fût rempli par toute autre personne.

VIRGINIE.

Mais enfin si je ne le sais pas, si je ne l'ai pas appris, puis-je le jouer ? D'ailleurs....

Air : *Voyage qui voudra.*

De ce rôle triste et sans vie
Jamais je ne me chargerai ;
C'est en vain qu'ici l'on me prie,
Peut-on jouer contre son gré ?
Ce n'est point par caprice,
Ce n'est point par malice,

Mais vraiment je ne peux
Ni je ne veux
Débuter comme une novice,
Par trop de zèle et de bonté,
De docilité,
Et d'honnêteté :
On me blâmera,
On me siflera,
On me maudira;
De ce rôle-là,
D'après cela
Se charge *(bis)* celle qui voudra.

(*Elle sort.*)

SCÈNE V.

M. et M.me DERMONT, LÉON, NATHALIE, CÉPHANE.

NATHALIE.

Céphane, suis Virginie, et tâche de la décider, car nous voilà dans un embarras extrême.

CÉPHANE.

Je cours et je vais user de toute mon autorité pour la faire revenir sur son projet.

SCÈNE VI.

M. et M.me DERMONT, NATHALIE.

MADAME DERMONT.

Voilà un obstacle qui n'est pas peu contrariant.

M. DERMONT.

Je vous avais bien dit que dans tout cela il y aurait quelque chose qui clocherait ; mais les femmes ne veulent pas croire ce qu'on leur dit.

MADAME DERMONT.

Allez-vous nous faire des remontrances ? et n'êtes-vous pas dans le même embarras que nous ?

M. DERMONT.

Mais ne vous avais-je pas dit qu'il serait impossible de jouer une tragédie ?

MADAME DERMONT.

Oui, M. le père noble, le prophète, oui, vous nous l'aviez dit ; mais quelle certitude en aviez-vous ?

M. DERMONT.

Mais sans avoir de certitude on peut présumer....

MADAME DERMONT.

Ah ! oui, présumer, présumer.... Si on présumait tout, on aurait bien à faire ; et il est beaucoup de choses que vous ne présumez pas.

M. DERMONT.

Je serais peut-être à la torture s'il me fallait présumer tout ce que vous êtes dans le cas de faire, Madame.

MADAME DERMONT.

Vous, à la torture ! Eh, non ! Vous êtes si pénétrant ! vous avez l'intelligence si subtile ! Monsieur !

M. DERMONT.

Que vous êtes entêtée, Madame !

MADAME DERMONT.

Et vous contrariant, Monsieur ! Oh ! mon Dieu ! qu'il a changé depuis qu'il est mon mari ! Il était complaisant, prévenant, toujours grâcieux, et à présent c'est un diable.

Air : *De Dorilas.*

Voyez un amant en courbette,
Il rampe et pleure à nos genoux.
Ah ! qu'il est bon ! qu'il est honnête !
Un mouton n'est pas aussi doux.
Mais s'il devient époux et père,
Tout-à-coup comme il changera !
La douceur de son caractère....
Faut voir ce que ça deviendra.

M. DERMONT.

Ah ! vous le prenez sur ce ton. Eh bien ! je vais vous faire le portrait des femmes une fois qu'elles sont mariées.

Air : *De la parole.*

Vous jurer un sincère amour,
Vous promettre d'être fidelle ;
Dire que pour vous, nuit et jour,
L'on entretient flamme immortelle ;
Puis s'entendre avec un rival,
Vous trahir par des tours infâmes,
Causer un désordre infernal ; *(bis)*
Voilà ce que c'est *(bis)* que les femmes.

MADAME DERMONT.

C'est bon, c'est bon, nous vous écouterons une autre fois.

(Ils rentrent.)

SCENE VII.

NATHALIE.

Voilà un contre-temps auquel je ne m'attendais pas; cette petite étourdie de Virginie nous met tous à l'épreuve. Allons, je vois bien qu'il nous faudra faire des affiches, et mettre à la porte : *Par indisposition des acteurs, relâche jusqu'à huitaine.* Ah ! ah ! ah ! *(Elle rit.)* Pourtant tout notre monde est prévenu ; on ne vient que pour la tragédie, et ne pas la donner c'est forcer à nous mal recevoir, surtout après en avoir parlé depuis un mois. Nous passerons donc pour des gens sans parole. Ma foi, plutôt que de ne pas la jouer, si je faisais tous mes efforts pour apprendre le rôle de Fatime.... mais j'en soupire d'avance..... adieu mon voile, adieu ma robe, adieu mes diamans, adieu la majesté d'une souveraine future de l'Empire Ottoman, adieu Zaïre....

(Elle prend une brochure qui se trouve sur une table, et qui est la tragédie de Zaïre.)

Ce rôle n'est pas bien long. *(Elle feuillette.)* Essayons le genre de ce personnage...

(Elle déclame en lisant la première tirade de la tragédie, commençant par ces mots : Je ne m'attendais pas, *etc.)*

Allons, allons dans la solitude faire la confidente, après avoir cru long-temps faire la souveraine.

(Elle rentre.)

SCENE VIII.

LAGRANGE.

Eh bien ! personne, personne.... Où diable est donc tout notre monde..... Attendons ici un moment...... *(Il réfléchit.)* C'est donc après-demain que je parais dans le rôle de Corasmin, officier, confident, ami d'un Soudan ; ma foi, me voilà en beau chemin, moi, qui ne suis ordinairement qu'un pauvre Pasquin, qu'un valet de comédie, et encore, quel valet ! Mais je le dis avec franchise, je ne me suis jamais appliqué à jouer la comédie ; je me suis chargé de quelques rôles pour faire plaisir, et j'ai toujours beaucoup compté sur l'indulgence du Parterre. Je n'ai pas plus de mémoire qu'il ne m'en faut, mais aussi je l'ai très-peu cultivée ; je n'aime point d'ailleurs à faire le bel esprit ; je suis trop vif, et j'aime trop les plaisirs pour m'arrêter au spirituel. Les chevaux, la chasse, le bon vin, et autre chose de cette nature : voilà mon élément, et c'est le bonheur suprême !

Air : *Tin, tin, tin.*

Qu'un amant à son amante
Adresse mille poulets ;
Qu'il soupire et se lamente,
Qu'il lui fasse des couplets ;
Moi, tout autrement je pense,
Et d'ailleurs je suis certain
Que la meilleure romance
Ne vaut pas du Chambertin ;
  Tin, tin, tin, tin, tin, tin,
J'aime mieux le Chambertin.

Mon père souvent m'engage
A modérer mon ardeur ;
Mais quand on est à mon âge
La passion est fureur :
Je ne suis bien qu'à la chasse,
Et transporté de plaisir,
Quand je vois une bécasse
Je ne puis me contenir ;
  De plaisir, de plaisir,
Je ne puis me contenir.

Oh! c'est vrai, je suis fou de la chasse. Y a-t-il eu quelque grand chasseur qui ait été grand homme? Ah! parbleu, le jeune Hippolyte qui dit:

> Le jour n'est pas plus pur que le fond de mon cœur;

C'était bien un grand homme. Je me souviens encore un peu de mes Classiques, comme on voit, mais j'ai tout abandonné pour la chasse et les pas de Zéphirs.

(Il frédonne en sautant et en dansant.)

(Toujours en frédonnant et en se mirant, il chante le couplet suivant sur le même air que les précédens.)

> J'ai la jambe assez bien faite,
> Le corps assez bien tourné;
> J'ai la cuisse rondelette,
> J'ai surtout un joli né;
> Avec de tels avantages,
> Je ne puis que réussir,
> J'emporte tous les suffrages,
> Et je me fais applaudir.
>   Quel plaisir! quel plaisir!
> Que de se voir applaudir.

Pourtant il y a encore un obstacle à tout cela, qui n'est pas peu de chose; c'est que mon ami Saint-Fons est malade. Le brave Nérestan est dans sa chambre à faire des réflexions sérieuses sur l'avenir; je l'ai trouvé pâle en effet, ce n'est qu'une fièvre.... mais ces Dames, ces Dames, que vont-elles dire? C'est dans le cas d'arrêter notre représentation. Quel malheur! je payerais moi-même bien cher son médecin, s'il voulait lui rendre la santé.

Air: *De Marianne.*

> Que n'ai-je de l'art d'Hippocrate
> Étudié tous les secrets!
> Et que ne puis-je sur la rate
> Parler latin, parler français!
>   D'un médecin,
>   Savant et fin,
> Je connais peu la science suspecte;
>   En pareil cas
>   Je n'aime pas
>   Tout le fatras
> Dont ils font embarras.

Messieurs les docteurs, votre secte
Veut, je crois, nous faire mourir;
Commencez donc par nous guérir,
Pour que l'on vous respecte.

SCÈNE IX.

LAGRANGE, NATHALIE.

NATHALIE.

Vous ne savez pas, Monsieur, que Mademoiselle Virginie ne veut pas se charger du rôle de Fatime.

LAGRANGE.

Mais il est impossible qu'elle ne s'en charge pas : qui pourrait la remplacer ? après-demain, n'est-ce pas le jour de la représentation ?

NATHALIE.

Nous lui avons fait observer tout cela, et elle s'est obstinée ; si bien, que je commence à étudier ce rôle pour ne pas faire manquer la pièce.

LAGRANGE.

Mais il est encore un point qui présente une plus grande difficulté. Vous ignorez sans doute que le pauvre Saint-Fons est malade.

NATHALIE.

Oh! pour cette fois, j'y renonce; adieu la tragédie : bonne leçon pour ne pas y revenir ; adieu. Mais son mal a donc été bien subit !

LAGRANGE.

Je suis moi-même encore dans l'étonnement.

NATHALIE.

Il faut avouer que c'est une terrible chose que de monter une tragédie.

LAGRANGE.

Oui, pour des gens qui n'en font pas métier, j'avoue que c'est pénible ; et depuis l'épingle jusqu'au poignard il ne manque pas d'objets à préparer.

SCENE X.

NATHALIE, LAGRANGE, LÉON.

LÉON.

C'est une affaire résolue, il faut renoncer au rôle de Fatime, Mademoiselle Virginie ne s'en chargera pas.

NATHALIE.

Et le pauvre M. Saint-Fons qui est malade.

LÉON.

Allons, mais tout conspire contre nous. Plus de tragédie ; il faut donc renvoyer nos costumes.

NATHALIE.

J'aurais pu me charger du rôle de Fatime; mais sans M. Saint-Fons, nous ne pouvons jouer.

SCÈNE XI.

M. et M.me DERMONT, NATHALIE, LÉON, LAGRANGE.

MADAME DERMONT.

Eh bien ! tout cela s'arrange-t-il ?

NATHALIE.

Ma tante, c'est impossible : M. Saint-Fons est malade.

M. DERMONT.

Que vous avais-je dit ? On ne veut pas me croire.

MADAME DERMONT.

C'est donc une fatalité !

LAGRANGE.

Mesdames, il faut prendre son parti, et savoir supporter l'adversité ; au surplus, quant à moi, je n'en pleurerai pas : la tragédie et la poesie ne m'ont pas prodigué leurs faveurs. Je jase parfois sur la politique, mais j'aime encore mieux chanter et boire.

Air : *Que le sultan Saladin.*

Qu'un politique savant
Me fasse voir clairement
Qu'un morceau de la Belgique
Serait une prise unique
Qui conviendrait aux Français :
   C'est vrai ; mais, mais....
Il faut se battre à grands frais ;
Et moi, je ne mets ma gloire
   Qu'à rire et boire.

MADAME DERMONT.

Vous prenez tout cela fort gaîment, mais sans tragédie, vous ne contenterez pas tout le monde ; vous savez que chacun a son goût.

LAGRANGE.

D'accord, Madame.

Air : *Du haut en bas.*

Chacun son goût,
L'un court aux sermons de Basile ;
Chacun son goût,
Le théâtre me plaît beaucoup ;
J'aime surtout le vaudeville,
J'aime un air gai, léger, facile ;
Chacun son goût.

Chacun son goût ;
Mais, par hasard, vais-je au parterre,
Chacun son goût,
Ma montre m'est prise du coup ;
Je cherche devant et derrière,
Et dis, étonné de l'affaire :
Chacun son goût.

MADAME DERMONT.

Mais, je vous en prie, répondez-moi : les personnes qui viendront après-demain, et à qui nous avons promis du tragique, que diront-elles ?

LAGRANGE.

Eh bien ! nous leur donnerons du comique, et l'un vaut bien l'autre.

MADAME DERMONT.

Air: *Une fille est un oiseau.*

C'est fort bon pour plaisanter,
Mais il nous faut du tragique,
Et jamais votre comique
Ne pourra nous acquitter.
Le sujet est très-frivole,
Mais l'on tient à sa parole,
Et moi ce qui me désole
Et qu'il convient d'éviter,
C'est la petite satire :
Vous savez qu'on aime à rire ;
Il nous faut donc sans sursis
Jouer ce qu'on a promis.

LÉON.

Mais ne pourrions-nous pas trouver quelque autre personne qui se chargerait de remplacer Saint-Fons ? Je vais voir un de mes amis qui peut-être nous fera ce plaisir, mais je hasarde ma visite.

Air du vaudeville de *M. Guillaume, ou partie carrée.*

Chacun de nous cherche dans ce bas monde
L'homme qui peut lui convenir.
Moi, je vais chercher à la ronde,
Et sans espoir de réussir ;
J'aurais besoin, tout comme Diogène,
D'un falot à grande lueur ;
Peut-être encor j'aurais bien de la peine
A trouver un acteur.

SCENE XII.

LES ACTEURS PRÉCÉDENS, VIRGINIE, CÉPHANE.

NATHALIE.

J'étais prête à me charger du rôle de Fatime, mais nous apprenons que M. Saint-Fons est malade.

CÉPHANE.

Je crois qu'il est écrit dans le ciel que nous ne pourrons jouer.

NATHALIE.

Mais M. Léon va chercher à remplacer M. Saint-Fons; ainsi ne désespérons pas encore.

M. DERMONT.

Ah! oui, ne désespérons pas. *(à part.)* Ils sont drôles ces gens.

LÉON.

Je vais alors de suite m'occuper du soin de chercher un Nérestan.

VIRGINIE.

Vous nous ferez bien plaisir; pour moi, je suis prête, et mon costume n'attend plus que la levée du rideau. Mon Dieu, comme je serais fâchée si nous ne pouvions jouer! je crois que je ne m'en consolerais pas.

(Au moment où Léon ouvre la porte pour sortir, il aperçoit Saint-Fons.)

LÉON.

Eh! mais voilà Saint-Fons, je ne me trompe pas.

SCÈNE XIII ET DERNIÈRE.

Les acteurs précédens, SAINT-FONS.

MADAME DERMONT.

Monsieur Saint-Fons, votre santé vous permettra-t-elle de jouer votre rôle?

SAINT-FONS. *(convalescent.)*

Madame, je le pense, et rien jusqu'à présent ne peut me faire présumer le contraire. Mon indisposition est légère, et je ne crois pas qu'elle puisse m'empêcher de débiter un rôle que je me suis donné tant de peine pour apprendre et que je sais si ponctuellement.

CÉPHANE.

Ah! je respire. A présent tout est donc terminé, pourvu que nos autres acteurs ne nous manquent pas de parole ; mais ils nous ont promis ce matin que tout marcherait à merveille, et nous pouvons compter sur eux.

MADAME DERMONT.

Nous voilà chacun à notre emploi, et je vous assure que je suis bien satisfaite de voir ainsi réussir notre essai.

NATHALIE.

Je trouve, ma tante, que nous ne sommes pas tout-à-fait chacun à son emploi, et je crains bien que, par suite, le rôle de Fatime ne soit le plus mal joué ; mais enfin je me trouverai dans le même cas que se trouvent aujourd'hui tant d'artistes.

Air : *Çà ne s'peut pas.*

A maint acteur chantant le drame
L'on dit : ayez un art réel,
Dans vos rôles mettez de l'âme,
Et prenez un ton naturel.
Ce ton-là n'est plus sur la scène,
Répond l'artiste, et dans ce cas,
Vous attendez que je le prenne,
Çà ne s'prend pas.

LÉON.

Nous sommes tous persuadés du contraire à votre égard, et c'est à votre école que ces acteurs pourraient se former.

Air : *Pégase est un cheval qui porte.* Ou : *Aux soins que je prends de ma gloire.*

Du talent, tel est le langage,
Il n'est jamais content de lui,
Il se déprécie, il s'outrage ;
Tel est votre fait aujourd'hui.
Dieu des arts, toi qui nous accueilles,
(Et dont vous avez les faveurs, *en s'adressant aux acteurs*)
Tu sais que souvent sous les feuilles
On trouve les plus belles fleurs.

CÉPHANE.

M. Dupaty ne parlerait pas mieux, et je crois qu'aujourd'hui que la chevalerie semble reprendre quelques-uns de ses droits, la galanterie aussi renaît à sa suite, et du théâtre, lieu où elle a été encore un peu conservée, elle passera enfin dans nos salons.

MADAME DERMONT *à son mari.*

Air : *Alte-là.*

Eh bien ! Monsieur le Prophête,
Vous qui présumez toujours,
Votre langue nous apprête
Sans doute un malin discours ;
Mais quoique vous puissiez faire,
Sur un point l'on est d'accord :
L'on sait que sur cette terre
Les maris ont toujours tort.
C'est d'accord, *(bis)*
Les maris ont toujours tort.

M. DERMONT.

Eh bien ! puisque l'on veut me pousser à bout, sachez que je suis malade, et que je ne veux pas jouer.

TOUS ENSEMBLE.

Ah ! Monsieur Dermont, par grâce, par complaisance.... résisterez-vous à nos instances ? Nous implorons tous votre bonté.

M. DERMONT.

C'est inutile, je ne jouerai pas.

MADAME DERMONT *à son mari.*

Vous croyez sans doute me faire beaucoup de peine, mais moi non plus je ne jouerai pas. Non ; je ne veux pas jouer.

(Fausse sortie de la part de M. et Madame Dermont, chacun par une porte différente.)

LÉON.

Ah, çà ! j'abandonne aussi la partie ; chaque instant amène un nouvel obstacle.

Et je laisse à vau-l'eau
Marcher notre opéra nouveau,
Ainsi que la tragédie.

M. DERMONT *(qui a entendu ce que vient de dire Léon.)*

Messieurs, Messieurs, ne vous décidez pas sitôt; cette difficulté tient à si peu de chose ! et ma femme prend toujours si mal son temps pour me contrarier ! mais si je cède, ce n'est que pour vous, et je trouverai bien le moyen de réduire un peu le babil féminin qui empire tellement dans ma maison.

MADAME DERMONT.

Eh bien ! allons à la répétition. Ce n'est pas moi, à coup sûr, qui ai le plus de malice.

VAUDEVILLE FINAL.

Air : *Ce boudoir est mon parnasse.*

CÉPHANE.

Nous avons tous notre rôle ;
Messieurs, souvenez-vous bien,
Que chaque phrase s'envole,
Que nos cœurs n'y sont pour rien ;
Si je dis que je vous aime,
Veuillez l'oublier soudain :
Car l'amour, les aveux même,
Vous les attendrez en vain.

LÉON.

Alors que dans mon délire
Je parlerai sans détour,
Je vous peindrai mon martyre
Et l'excès de mon amour ;
Mesdames, n'allez pas rire,
Ni ne vous offensez pas,
Je dois parler à Zaïre,
Comme un Roi dans ses états.

SAINT-FONS.

Si dans un élan tragique
Je manque un peu de chaleur ;
Et si je suis pathétique,
Au lieu d'entrer en fureur ;
Entendons-nous bien d'avance :
Promettez-moi, dans ce cas,
Que, vu ma convalescence,
Vous ne me sifflerez pas.

NATHALIE *à la réunion.*

Pour cette foible bluette
L'auteur demande pardon ;
Vous la trouverez mal faite,
Sans esprit et sans raison :
S'il a pris une licence
Pourrait-il s'en repentir,
Quand sa seule récompense
N'était que votre plaisir.

FIN.

COUPLET

Chanté par M. de Rivière, Colonel dans : Encore un Pourceaugnac.

Air : *Alte-là.*

Si quelque mésaventure
Arrive dans ce pays,
Mes officiers, je vous jure,
Y sont toujours compromis ;
Mais s'il faut braver les flammes
Dans un périlleux combat,
S'il faut courtiser les Dames,
S'il faut défendre l'État ;
   Alte-là, *(bis)*
Le Cantal est toujours là.

De l'Imprimerie de Fr. SEGUIN aîné, à Avignon.

www.ingramcontent.com/pod-product-compliance
Lightning Source LLC
Chambersburg PA
CBHW070450080426
42451CB00025B/2524